Inhalt

Reformbedarf des Europäischen Stabilitäts- und Wachstumspaktes

Kernthesen

Beitrag

Fallbeispiele

Weiterführende Literatur

Impressum

Reformbedarf des Europäischen Stabilitäts- und Wachstumspaktes

M.Sydow

Kernthesen

- Die Abschaffung des Stabilitäts- und Wachstumspaktes würde den Prozess der Europäischen Integration um Jahre zurückwerfen. (3)
- Ursächlich für das Ausbleiben einer Geldbuße für Deutschland und andere EWU-Mitgliedsstaaten sind Schwächen im bisherigen Sanktionsmechanismus. (1), (2), (3)
- Wesentliche Kritikpunkte gegenüber dem

Pakt sind das Fehlen eines Automatismus für die Defizitfeststellung und Mängel im Sanktionsverfahren. (1), (3)
- Eine Reform der Defizitgrenzen für den Staatshaushalt und die Staatsverschuldung ist nur eine Teillösung. (1), (3)

Beitrag

Der Stabilitäts- und Wachstumspakt (SWP) der Europäischen Union (EU) hat durch die gehäufte Verfehlung der Zielwerte für das Haushaltsdefizit an Glaubwürdigkeit verloren. Für die weitere Aufrechterhaltung der Stabilität in der Europäischen Währungsunion (EWU) ist eine Reform und eine Stärkung des Paktes notwendig. Nur so können das Inflationsrisiko gemindert und eine hohe Staatsverschuldung verhindert werden.

Der nachfolgende Artikel beschreibt die Probleme innerhalb der institutionellen Rahmenbedingungen des SWP und geht auf aktuelle Reformvorschläge ein. Für eine detaillierte Beschreibung der Inhalte des SWP sei auf das GBI KnowledgeSummary Der Europäische Stabilitäts- und Wachstumspakt verwiesen. (3)

Aktuelle Probleme

Anreiz zur Staatsverschuldung

In der jetzigen Form der Währungsgemeinschaft ist eine für die EWU einheitliche Geldpolitik vorgesehen. Die Finanzpolitik unterliegt jedoch noch den nationalen Regierungen. Die Koordination zwischen der EU und der nationalen Ebene stellt eine wichtige Herausforderung dar. Der SWP soll diese Koordination institutionell untermauern. Ziel ist, eine nachhaltige und solide Finanzpolitik der Mitgliedsstaaten zu gewährleisten, um zu vermeiden, dass einzelne Länder eine Finanzpolitik zu Lasten der anderen Mitgliedsländer betreiben. Dies ist insbesondere deswegen wichtig, weil die Verschuldung eines einzelnen Landes durch die Gemeinschaft mit aufgefangen wird und daher der Verschuldungsanreiz hoch ist. Solch ein Verhalten stellt ein Problem dar, insbesondere wegen den kurzfristigen und vor allem wahlpolitisch geprägten Entscheidungen der Politiker, die oftmals nicht an einer langfristigen Haushaltskonsolidierung interessiert sind. Das Ergebnis ist dann eine expansive Fiskalpolitik zu Lasten der EWU. (1), (3)

Glaubwürdigkeit der Sanktionen

Sanktionsmaßnahmen können eine Reduktion der Verschuldungsbereitschaft erzielen. Der SWP stellt solche bereit. Entscheidend für den Erfolg dieser Maßnahmen ist allerdings die Glaubwürdigkeit. Diese kann durch zwei Faktoren gewährleistet werden: Erstens dürfen Sanktionen nicht zur Regel werden. Dafür ist jedoch entscheidend, dass die Vorgaben des SWP auch zu erfüllen sind. Gerade das Drei-Prozent-Kriterium für das Haushaltsdefizit sehen Kritiker allerdings als zu restriktiv und unrealistisch an. Zweitens sollte die Art und Weise der Sanktionsumsetzung klar geregelt sein, d. h. die Sanktionsmechanismen sind nicht verhandelbar und erfolgen zudem zeitnah. Hinsichtlich dieser Anforderung ist die einfache Operationalisierbarkeit und die hohe Transparenz des Drei-Prozent-Kriteriums zu erwähnen. (1), (3)

Politische statt ökonomischer Entscheidung über Sanktionen

Ein weiterer Schwachpunkt des aktuellen Vertragswerkes ist das Verfahren zur Feststellung eines übermäßigen Defizits. Dieses

Sanktionsverfahren fußt auf einer politischen Entscheidung. Grund dafür ist der Ermessensspielraum des Ministerrates bei der Prüfung der so genannten Gesamtlage. Dieser kann nämlich auch bei einer Überschreitung der Drei-Prozent-Grenze zu dem Fazit kommen, dass kein übermäßiges Defizit besteht. Zusätzlich besteht innerhalb dieses Defizitfeststellungsverfahrens die Möglichkeit für strategisches Abstimmungsverhalten. Grund dafür ist, dass jedes Land, welches über ein anderes Land innerhalb dieses Verfahrens entscheidet, auch einmal eine Defizitsünder sein kann. Diese Überlegung im Hintergrund kann zu einer nicht vollkommen unabhängigen Entscheidung führen die zukünftige Budgetentwicklung des eigenen Landes berücksichtigend. Das Verfahren sollte daher so umgestaltet werden, dass es Unabhängigkeit, Transparenz und eine klare Verantwortungsübertragung gewährleistet. (1)

Insgesamt kommt der SWP seinem Zweck der Minderung von Inflation und einem Ausgleich des Staatshaushaltes in seinem derzeitigen Vertragswerk jedoch nur bedingt nach, weshalb Änderungen notwendig erscheinen.

Reformvorschläge

Für eine Reform des SWP existiert eine Flut von Vorschlägen. Zwei interessante Ideen sollen im Folgenden dargestellt werden.

Zweistufiges Verfahren

Bei diesem Vorschlag überprüft die EU Kommission weiterhin die Einhaltung der Defizitkriterien. Im Falle eines Verstoßes leitet sie in einer ersten Stufe das Sanktionsverfahren ein. Dieses wird von einem Fachausschuss durchgeführt, welcher politikneutral institutionalisiert ist, über ein hohes Maß an Expertenwissen verfügt und gleichzeitig entsprechende Unabhängigkeit aufweist. Zudem werden dem Ausschuss die Verhandlungen mit den betroffenen Mitgliedsländern übertragen, so dass eine auf rein ökonomischen Kriterien basierende Sanktionsentscheidung getroffen werden kann. Die betroffenen Länder werden im Falle einer Sanktion zu einer sofortigen zinslosen Einlage aufgefordert, welche nicht verhandelbar ist. Nach diesen Schritten ist es Aufgabe des Ausschusses die Stabilitätsbemühungen der jeweiligen Länder zu überprüfen. Im Falle eines andauernden Bruchs der Defizitvorgaben kann die Einlage nach Entscheidung des Fachausschusses in eine Geldbuße umgewandelt werden. (1)

In einer zweiten Stufe wird den Mitgliedsländer eine politische Revision der Fachausschussentscheidung innerhalb des Ministerrates erlaubt, so dass neben den ökonomischen auch politische Aspekte Beachtung finden können. Die Entscheidung des Fachausschusses kann durch dieses politische Revisionsverfahren gekippt werden. Allerdings sind dann die politischen Hintergründe und eine verifizierbare Begründung der Entscheidung darzulegen. In letzter Instanz kann schließlich noch der Europäische Gerichtshof zu der Entscheidung befragt werden. (1)

Der Vorteil dieser Vorgehensweise ist eine klare Trennung von ökonomischen und politischen Entscheidungsgrundlagen. Der Unterschied zum bisherigen Procedere ist, dass im Ministerrat nicht mehr nur eine qualifizierte Mehrheit für eine Sanktionsentscheidung notwendig ist, vielmehr muss jetzt bewiesen werden, dass von dem betroffenen Land kein stabilitätswidriges Verhalten ausgeht. (1)

Orientierung am Produktionspotential

Dieser Reformvorschlag sieht eine Neuregelung des SWP unter dem Blickwinkel konjunktureller

Flexibilität mit der Verpflichtung zur mittelfristigen Haushaltskonsolidierung. Dafür soll die Drei-Prozent-Grenze sich anstelle des Bruttoinlandsprodukts am Produktionspotential orientieren, so dass eine unausgelastete Produktion keine absolut rückläufige Verschuldung erzwingt. Außerdem müssen die Mitgliedsländer durch eine entsprechende Haushaltspolitik für einen finanzpolitischen Spielraum in der Rezession vorsorgen. Dementsprechend darf die Drei-Prozent-Grenze keine Sockelverschuldung sein, sondern muss vielmehr die Grenze für Notsituationen darstellen. Um dieses Ziel zu erreichen, sollten die Einnahmen aus Krediten nicht größer sein als 0,5 Prozent des Produktionspotentials der einzelnen Mitglieder. Abweichungen von dieser Regelung sollten nur bei außergewöhnlichem und unvorhergesehenem Finanzbedarf gestattet werden. (3)

Die praktische Umsetzung dieses Reformvorschlages bedarf einiger Übergangsregeln, damit Länder wie Deutschland, die derzeit ein hohes strukturelles Defizit aufweisen, die neuen Vorgaben überhaupt einhalten können. (3)

EU-Osterweiterung

Reformen sind folglich dringend nötig, insbesondere im Hinblick auf die anstehende Osterweiterung der EU. Deswegen muss die Glaubwürdigkeit des SWP wiederhergestellt werden. Ansonsten ist eine Erfüllung der Maastrichter Konvergenzkriterien, welche die Grundlage des SWP darstellen und vor dem Beitritt zur EWU zu erfüllen sind, bei den Beitrittsländern schwer durchzusetzen. Dies ist entscheidend, da bei einer EWU mit über 20 Mitgliedern klare Richtlinien und deren Umsetzung der einzige Weg für die Gewährleistung der Stabilität des Währungssystems sind. Neben den Konvergenzkriterien des Maastrichter Vertrages entscheidet aber auch der Grad an realer Konvergenz über Kosten und Nutzen der Euroeinführung für ein Land. (5), (6), (7)

Fallbeispiele

Einer Berechnung des Sachverständigenrates zur Beurteilung der gesamtwirtschaftlichen Lage zur Folge sind nur 0,1 Prozent der Defizitquote von 2001 auf den Einfluss der Weltkonjunktur zurückzuführen. Die Bundesregierung sieht dennoch die weltwirtschaftlichen Entwicklungen als wesentlichen

Grund für das Verfehlen des Defizitziels. Hauptursache für die überhöhten öffentlichen Defizite sind jedoch die mangelnde Haushaltskonsolidierung in den Jahren konjunkturellen Aufschwungs. Diese Form des Defizits wird als strukturelles Defizit bezeichnet. (3)

Weitere Ursachen für das strukturelle Defizit in Deutschland liegen in den reformbedürftigen Sozialsystemen mit verhältnismäßig hohen Zwangsabgaben, die zudem die Arbeitslosigkeit verschärfen und in den Kosten der deutschen Wiedervereinigung, wodurch zusätzliche öffentliche Investitionen behindert werden. (3)

Weiterführende Literatur

(1) Strafe für Defizitsünder muß sein
aus Frankfurter Allgemeine Zeitung, 12.07.2003, Nr. 159, S. 13

(2) "Wir brauchen klare Regeln mit einer gewissen Flexibilität"
aus Frankfurter Allgemeine Zeitung, 25.09.2003, Nr. 223, S. 13

(3) Sollte der Stabilitätspakt aufgegeben werden? - Angesichts der gegenwärtigen Budgetkrisen in Europa gerät der Stabilitätspakt mehr und mehr in

die Diskussion. Sollte das Regelwerk korrigiert werden?
aus ifo Schnelldienst, Heft 22/2002, S. 3-14

(4) Neinhaus, Andreas, Standard & Poor's sorgt sich um die Zukunft des Stabilitätspakts, Ist die Eurozone noch risikofrei?, Finanz und Wirtschaft, 12.07.2003, S. 6
aus ifo Schnelldienst, Heft 22/2002, S. 3-14

(5) Stark: Mehr Konvergenz vor Euro-Erweiterung nötig
aus Die SparkassenZeitung, 08.08.2003, Nr. 32, S. 3

(6) EU-Beitrittsländer müssen noch gewaltigen wirtschaftlichen Anpassungsprozess bewältigen Bundesbank warnt vor früher Kursbindung
aus Die SparkassenZeitung, 25.07.2003, Nr. 30, S. 5

(7) Gespräch mit Leszek Balcerowicz, Präsident der Polnischen Nationalbank - "The Stability and Growth Pact constitutes a good framework for a proper policy mix in the eurozone"
aus Zeitschrift für das gesamte Kreditwesen Nr. 14 vom 15.07.2003 Seite 773

(8) Neinhaus, Andreas, Trefferquote von Regierungsprognosen lässt zu wünschen übrig, Gezielte Fehlschätzungen sind die größte Schwäche des Stabilitätspakts, US-Regierung und Fed erwarten kräftiges Wirtschaftswachstum, Finanz und Wirtschaft, 16.07.2003, S. 23

aus Zeitschrift für das gesamte Kreditwesen Nr. 14
vom 15.07.2003 Seite 773

Impressum

Reformbedarf des Europäischen Stabilitäts- und Wachstumspaktes

Bibliografische Information der deutschen Nationalbibliothek

Die Deutsche Nationalbibliothek verzeichnet diese Publikation in der deutschen Nationalbibliografie; detaillierte bibliografische Daten sind im Internet über http://dnb.d-nb.de abrufbar.

ISBN: 978-3-7379-1710-0

© 2015 GBI-Genios Deutsche Wirtschaftsdatenbank GmbH, Freischützstraße 96, 81927 München, www.genios.de

Alle Rechte vorbehalten. Dieses Werk ist einschließlich aller seiner Teile – z.B. Texte, Tabellen und Grafiken - urheberrechtlich geschützt. Jede Verwertung außerhalb der Grenzen des Urheberrechtsgesetzes bedarf der vorherigen Zustimmung des Verlags. Dies gilt insbesondere auch für auszugsweise Nachdrucke, fotomechanische Vervielfältigungen (Fotokopie/Mikroskopie), Übersetzungen, Auswertungen durch Datenbanken oder ähnliche Einrichtungen und die Einspeicherung und Verarbeitung in elektronischen Systemen.